AF250599

PROGRAMME DES FÊTES

DE

SAINT-SAULVE

À L'OCCASION DU

CENTENAIRE DE DUCHESNOIS

17 JUIN 1877   17 JUIN 1877

PRIX : 10 CENTIMES

AU PROFIT DE

LA SOUSCRIPTION CARPEAUX

FÊTE MUSICALE

Cette fête à laquelle prendront part les musiques de Valenciennes, Vieux-Condé, Saint-Vaast, Estreux, Curgies et Saint-Saulve, aura lieu sur la Place de la Commune.

PROGRAMME

Saint-Saulve

Chef : M. A. GUILLAUME.

Ouverture..................... LABORY.
Fantaisie sur *Faust*......... GOUNOD.
Les Echos d'Espagne, bo-
léro .... E. MULLOT.

Curgies

Chef : M. A. GUILLAUME.

L'Etendard, marche solen-
nelle......................... E. JONAS.
L'Amazone, fantaisie...... E. MIGETTE.
Le Postillon, polka......... T. VERSCHRAEGEN.

Estreux

Chef : M. A. GUILLAUME.

Une Fête champêtre, ouverture	LABORY.
Fantaisie sur *le Cheval de Bronze*	AUBER.
Cavatine du *Barbier de Séville*, pour cornet à pistons	ROSSINI.

Saint-Vaast

Chef : M. CHAVATTE.

Ouverture allemande	***
Grande fantaisie sur *Faust*	GOUNOD.
Le Postillon, polka	T. VERSCHRAEGEN.

Vieux-Condé

Chef : M. WETTGE.

Ouverture	***
Grand air varié de concours	V. BUOT.
Bouquet de valses	BOUÉ.

Valenciennes

Chef : M. LEROUGE.

Grande ouverture	BAUCHEMAKER.
Lucrèce Borgia, fantaisie	DONIZETTI.
La Part du Diable, fantaisie	AUBER.

ORDRE DE LA FÊTE

Les Musiques feront leur entrée à Saint-Saulve, à partir de deux heures ; elles se réuniront sur la route de Mons, à hauteur du chemin de l'Eglise, où les vins d'honneur leur seront offerts par l'Administration municipale et les Commissaires de la fête.

A trois heures, elles seront formées en cortége et se dirigeront en jouant alternativement des Pas redoublés, par les rucs du Gros-Bâton et de Valenciennes, pour défiler sur la Grand'Place dont la décoration rappellera le souvenir de la grande Tragédienne.

Le cortége sera précédé d'un groupe de jeunes Gens portant des bannières sur lesquelles seront inscrits les rôles principaux interprêtés par *Duchesnois*, dans les œuvres des immortels Auteurs de la Littérature française auxquels elle a si étroitement lié son nom.

La fête musicale commencera à quatre heures précises.

A neuf heures, **GRAND BAL** sur la Place de la Commune.

A onze heures, **Apothéose et couronnement du buste de Duchesnois.**

PRIX D'ENTRÉE :

Pour la fête musicale, 25 cent.
Pour le bal......... 75 cent.

BIOGRAPHIE DE DUCHESNOIS

Personne n'ignore que Duchesnois, la grande artiste qui reprit le sceptre tragique, lorsqu'il s'échappa des mains de la célèbre condéenne Clairon, est notre concitoyenne. Duchesnois naquit en effet aux portes de Valenciennes, dans une chaumière située au milieu des marais de Saint-Saulve.

Elle vit le jour le 5 juin 1777, ainsi que le prouve un extrait de son acte de naissance délivré, le 12 janvier 1835, par le Maire de la commune de Saint-Saulve.

Watteau eut pour père un couvreur et Carpeaux un maçon; Duchesnois ou plutôt Catherine-Joseph Rafin — car Duchesnois n'est qu'un nom de théâtre — était fille d'un garçon-marchand de chevaux.

La Misère et l'Ignorance, telles étaient les fées qui, le jour de sa naissance, semblaient penchées sur son berceau, et, cependant, un demi-siècle plus tard, la Tragédie pleurait sur sa tombe, toutes les célébrités artistiques de la France déploraient sa perte !

L'enfance de Catherine Rafin s'écoula dans un village, au milieu de durs labeurs ; rien ne faisait alors prévoir sa destinée future.

Une des sœurs de Catherine habitait Paris et y

avait acquis une situation plus douce que celle de
ses parents. Catherine résolut de l'aller rejoindre.
Ce voyage devait lui faire entrevoir les beautés
d'un art qu'elle ignorait complétement, mais au-
quel elle était destinée, en un mot décider de son
avenir.

La sœur de la jeune villageoise la conduisit un
soir au Théâtre. On jouait *Britannicus*. Pendant
la durée de la représentation, Catherine fut tout
yeux et tout oreilles ; sa tête était brûlante... son
cœur battait avec violence... — Il était écrit
qu'elle remporterait de cette soirée un souvenir
ineffaçable.

Rentrée chez sa sœur, retirée dans sa mansarde,
Catherine ne put trouver le sommeil. Elle enten-
dait toujours la voix de la tragédienne ; son jeu
était sans cesse présent à ses yeux.

Le lendemain matin, sa sœur allant l'éveiller la
trouva debout, dans une attitude héroïque et, qui
plus est, drapée à l'antique — sans doute dans un
des draps de son lit. Elle déclamait la fameus
apostrophe d'Agrippine :

> « ... Poursuis, Néron, avec de tels ministres,
> « Par des faits glorieux tu vas te signaler,
> « Poursuis, tu n'as pas fait ce pas pour reculer.
> « Ta main a commencé par le sang de ton frère ;
> « Je prévois que tes coups viendront jusqu'à ta mère ! »

La sœur de Catherine s'amusa d'abord beau-
coup de l'accoutrement, du geste majestueux et
des accents inspirés de sa cadette ; mais voyant
que le penchant de celle-ci pour le Théâtre ne
faisait que s'affirmer de jour en jour et craignant
quelque coup de tête, elle résolut de la renvoyer
à ses parents.

Estreux

Chef : M. A. Guillaume.

Une Fête champêtre, ou-
verture .... Labory.
Fantaisie sur le Cheval de
Bronze.................. Auber.
Cavatine du Barbier de Sé-
ville, pour cornet à pis-
tons.................... Rossini.

Saint-Vaast

Chef : M. Chavatte.

Ouverture allemande...... ***.
Grande fantaisie sur Faust.. Gounod.
Le Postillon, polka........ T. Verschraegen.

Vieux-Condé

Chef : M. Wettge.

Ouverture................ ***.
Grand air varié de concours V. Buot.
Bouquet de valses .... Boué.

Valenciennes

Chef : M. Lerouge.

Grande ouverture .... Bauchemaker.
Lucrèce Borgia, fantaisie... Donizetti.
La Part du Diable, fantaisie Auber.

ORDRE DE LA FÈTE

Les Musiques feront leur entrée à Saint-Saulve, à partir de deux heures ; elles se réuniront sur la route de Mons, à hauteur du chemin de l'Eglise, où les vins d'honneur leur seront offerts par l'Administration municipale et les Commissaires de la fête.

A trois heures, elles seront formées en cortége et se dirigeront en jouant alternativement des Pas redoublés, par les rues du Gros-Bâton et de Valenciennes, pour défiler sur la Grand'Place dont la décoration rappellera le souvenir de la grande Tragédienne.

Le cortége sera précédé d'un groupe de jeunes Gens portant des bannières sur lesquelles seront inscrits les rôles principaux interprêtés par *Duchesnois*, dans les œuvres des immortels Auteurs de la Littérature française auxquels elle a si étroitement lié son nom.

La fête musicale commencera à quatre heures précises.

A neuf heures, **GRAND BAL** sur la Place de la Commune.

A onze heures, **Apothéose et couronnement du buste de Duchesnois**.

PRIX D'ENTRÉE :

Pour la fête musicale, 25 cent.
Pour le bal......... 75 cent.

Il était déjà trop tard. Ce n'était plus la petite paysanne qui revenait à Saint-Saulve : c'était la future tragédienne.

Le père Rafin qui redoutait d'autant plus l'art dramatique qu'il ne savait guère ce que c'était que ce monstre, s'efforça d'étouffer les aspirations de sa fille sous les travaux les plus pénibles et la sévérité la plus implacable.

La pauvre enfant se résigna d'abord ; mais, malgré elle, Corneille et Racine revenaient souvent sur ses lèvres. Son âme était devenue leur temple, et malgré toute sa rigueur le père Rafin était impuissant à les en bannir.

Ce fut même cette rigueur qui ouvrit à la jeune fille la voie vers laquelle elle se sentait attirée. Afin de se soustraire à la sévérité paternelle, Catherine se plaça chez une dame de Valenciennes en qualité de demoiselle de compagnie. Là, non-seulement elle put rêver à ses Dieux sans attirer un orage sur sa tête, mais encore — bonheur inespéré ! — elle put fréquemment assister aux représentations théâtrales.

Naturellement, ces représentations, si imparfaites qu'elles fussent, ne firent qu'accroître la passion de Catherine pour le Théâtre. Aussi, lorsqu'en janvier 1797, une troupe d'amateurs valenciennois, organisant des soirées théâtrales au profit des indigents, vint lui demander le concours de son talent, accepta-t-elle avec la plus grande joie.

Ses premiers débuts furent ses premiers succès. La plupart des auditeurs furent frappés des dispositions extraordinaires dont elle faisait

preuve ; un de ses camarades de scène crut
même devoir l'engager à poursuivre cette car-
rière en lui prédisant un brillant avenir.

Il n'en fallait pas tant pour décider Catherine ;
elle s'enfuit à Paris, à Paris qu'elle rêvait de
revoir depuis qu'elle l'avait quitté, à Paris qui
lui réservait la gloire.

Cinq années s'écoulèrent cependant avant que
la fugitive pût se faire entendre au Théâtre-Français. Mais ces cinq années n'avaient pas été per-
dues. Pendant ce temps, elle avait pris les leçons
de Legouvé ; sous cette excellente direction elle
avait perfectionné ses qualités et s'était affranchie
de certains défauts ; car les natures privilégiées
elles-mêmes n'en sont pas exemptes ; elle avait
aussi acquis des protections sans lesquelles elle
n'eût pu gravir la scène illustre où elle voulait
paraître, et ces protections n'étaient dues qu'à
son talent ; car nous avons jusqu'ici oublié de
dire que Catherine Rafin avait été aussi pauvre-
ment dotée sous le rapport de la beauté physi-
que qu'elle l'avait été richement sous les autres
rapports.

Ce fut peut-être ce qui causa sa perfection.
Aucun madrigal, aucune vaine galanterie ne pou-
vait la détourner de sa voie ; elle comprit que le
génie seul, fruit de longs et incessants efforts,
lui donnerait cette beauté que la nature lui avait
refusée.

En entrant au Théâtre, Catherine Rafin avait,
sur le conseil de ses amis, substitué à son nom
celui de Joséphine Duchesnois.

Mlle Duchesnois débuta au Théâtre-Français
par le rôle de *Phèdre*, et ceux-là qui avaient taxé

sa tentative de téméraire furent les premiers à la combler d'éloges après cette mémorable représentation.

Plusieurs critiques — et des plus autorisés — ont reconnu qu'il y avait dans l'art de la déclamation, tout une musique comme dans l'art lyrique. Cette musique, Duchesnois en connaissait tous les secrets, et sa voie souple et harmonieuse en savait rendre toutes les beautés. Aussi conquit-elle d'emblée les suffrages de la salle entière : « Elle m'a fait pleurer, moi qui ne pleure guère », écrivait, à la suite de cette audition, un des critiques les plus prévenus contre elle.

En juillet 1806, après avoir obtenu les plus brillants succès sur la première scène d'Europe, Duchesnois désira revoir sa ville natale et paraître de nouveau sur ce théâtre qui avait été témoin de ses premiers débuts. Elle joua *Phèdre*, *Didon* et *Ariane*. Des artistes du théâtre de Lille lui donnaient la réplique : Jamais, paraît-il, notre salle de spectacle ne fut plus garnie et jamais les spectateurs ne furent plus enthousiastes. Des monceaux de couronnes tombèrent aux pieds de la tragédienne et nombre d'auditeurs, enthousiasmés par son talent, se firent poëtes pour le chanter.

Fiers du mérite incomparable de leur concitoyenne, les Valenciennois voulurent orner leur théâtre de son buste. Une souscription fut organisée à cet effet et M. Cadet de Beaupré, professeur de sculpture à l'Académie de Valenciennes, fut chargé de reproduire les traits de Duchesnois.

L'inauguration et le couronnement de ce buste

eurent lieu le 15 mai 1808. On représenta à cette occasion une pièce composée par plusieurs Valenciennois et intitulée le *Triomphe des Talents*.

Duchesnois revint à Valenciennes en octobre 1814. Cette fois, elle donna six représentations sur notre scène ; elle s'y montra successivement sous les traits d'*Aménaïde*, de *Tancrède*, de *Gabrielle de Vergy*, de *Mérope*, d'*Esther*, de *Phèdre* et d'*Iphigénie*. Détail intéressant, elle se hasarda même dans cette excursion à interpréter un rôle de comédie, celui de Théodore, dans les *Deux Pages*. — D'après M. Dinaux, ce rôle et celui de *Télémaque*, dans une pièce moderne qui n'eut qu'un petit nombre de représentations, sont les seuls travestissements sous lesquels Mlle Duchesnois ait consenti à paraître.

Il fut encore donné aux Valenciennois d'applaudir leur concitoyenne en 1818, en 1824 et, pour la dernière fois, en 1831. Chacune de ses apparitions fut signalée par des actes de générosité envers les pauvres de sa ville natale, de cette ville qu'elle « aime tant », ainsi qu'elle le disait dans une lettre dont nous avons le fac-simile sous les yeux.

Rien de ce qui touchait à la cité, au département qui l'avait vue naître ne lui était étranger. « Lorsqu'en avril 1825 », dit M. Dinaux, « toutes les célébrités littéraires, artistiques et guerrières, sorties du département du Nord, se rassemblèrent à Paris, sous le titre de *Réunion du Nord*, Mlle Duchesnois s'assit au banquet de fondation entre Talma et Madame Desbordes-Valmore ;

depuis, elle assista constamment à toutes les assemblées de la Société, qu'elle réunit plusieurs fois elle-même dans ses salons de la chaussée d'Antin. »

Ce ne fut qu'en 1833 que cette grande et vaillante artiste se décida à quitter le théâtre. Encore ne s'y résigna-t-elle que parce que l'âge et les fatigues l'y forçaient. Cette voix puissante et mélodieuse qui avait tant contribué à son succès, ne rendait plus qu'imparfaitement les émotions de son âme ; le feu du génie qui brilla si longtemps dans son regard, ne lançait plus que de rares étincelles ; sa taille, jadis majestueuse, s'affaissait maintenant sans retour.

Duchesnois sentit qu'elle n'était plus que l'ombre d'elle-même ; le cœur navré, elle quitta cette scène à la gloire de laquelle elle avait tant contribué.

Pour une telle nature, quitter le Théâtre, c'était se préparer à quitter la vie. Duchesnois mourut en effet à Paris, le 8 janvier 1835, à l'âge de cinquante-sept ans et demi.

Lorsque la nouvelle de la mort de Mlle Duchesnois parvint à Valenciennes, ce fut presque un deuil public. Les honneurs funèbres lui furent décernés sur cette même scène qui avait vu ses débuts. Le 13 juin 1835, des placards apposés à Valenciennes et à Saint-Saulve annoncèrent la cérémonie. La salle fut comble comme aux jours où l'on accourait pour voir et entendre celle dont on allait maintenant évoquer l'ombre. « Le corps des musiciens de la milice citoyenne exécuta un morceau funèbre », dit M.

Dinaux ; « la toile se leva et l'on vit toute la troupe habillée de noir, portant sur un brancard tendu de crêpe, le buste de Duchesnois couronné d'immortelles et ombragé de lauriers. M. Taliez, directeur de la troupe, lut avec énergie et sentiment, une invocation chaleureuse aux mânes de l'illustre Valenciennoise ; des couronnes, chargées de vers, furent jetées sur le théâtre de plusieurs points de la salle ; on lut les vers et on amoncela les couronnes sur la tête de l'actrice, et l'on replaça sa froide image sur son socle, dont la tenture funéraire figurait une horloge au sable, emblême de la mort. »

Nos concitoyens ne s'en tinrent pas là : La *Société des Enfants du Nord* organisa à Paris une souscription destinée à élever un monument sur la tombe de la tragédienne ; la *Société d'Agriculture, Sciences et Arts* de Valenciennes décida qu'un concours serait ouvert pour la composition d'un *Eloge de Duchesnois*, qu'une notice biographique sur cette illustre valenciennoise serait rédigée dans le sein de la Société et publiée dans ses *Mémoires*, et qu'enfin une médaille serait frappée pour perpétuer les traits et le souvenir de la célèbre actrice (1).

(1) Le Musée de Valenciennes possède le buste en plâtre de Duchesnois fait par M. Cadet de Beaupré père, et son portrait peint à l'huile par Mme Tripier-Lefranc, acheté par la Ville à l'exposition publique de 1833. M. Louis Auvray, un de nos sculpteurs, a modelé aussi la tête de Duchesnois pour la faire figurer au milieu de sa *Galerie des illustres Valenciennois*.

Valenciennes possède encore un précieux souvenir de la célèbre tragédienne. C'est le costume qu'elle portait dans la *Jeanne d'Arc* de M. d'Avrigny, jouée sous la

Ainsi que le disait une voix éloquente (1) devant la tombe de Carpeaux, au moment où elle allait se fermer sur les cendres de notre Michel-Ange, à Valenciennes, l'amour des arts et l'admiration pour les grands artistes Valenciennois, sont une sorte de religion locale ». Il suffira donc, sans aucun doute, de rappeler que, le 5 juin, il y eut cent ans que Duchesnois naquit aux portes de notre ville, pour que Valenciennes et Saint-Saulve fêtent ce nouvel et glorieux anniversaire.

Duchesnois a les plus grands droits à ces honneurs posthumes. Non seulement elle est notre concitoyenne, non seulement elle est célèbre, non seulement elle fit ses premiers débuts sur notre modeste scène ; mais encore elle eut toujours pour son village, pour sa cité, un attachement et un dévouement filials ; elle mit son admirable talent au service de nos pauvres ; elle tint toujours à honneur de venir nous faire juges de ses progrès et de nous rapporter les lauriers qu'elle avait conquis.

Duchesnois nous apparaît rayonnante de génie au milieu de nos célébrités : L'époque de son centenaire va donc pouvoir être célébrée, et c'est brillante, comme aux jours où elle faisait parler l'âme de nos grands poëtes, que nous devons évoquer son ombre.

Restauration. Ce costume, acheté à Paris par M. Guille, amateur dramatique de Valenciennes, a été donné par lui au Musée de la ville. — On peut le voir actuellement au foyer du Théâtre.

(1) M. Louis Legrand, député de l'arrondissement de Valenciennes.

Il était dû à l'intelligente et riche commune de Saint-Saulve de donner une fête publique en l'honneur de celle qui naquit dans une de ses maisons ; à son excellente musique de faire retentir en ce jour anniversaire ses plus brillantes fanfares.

Quant à Valenciennes, il lui appartenait d'organiser une solennité théâtrale digne du souvenir de la grande tragédienne. C'est ce qui aura lieu le samedi 16 juin 1877 : Madame *Ernst*, lectrice en poésie des Cours de la Sorbonne, a daigné prêter son concours à cette imposante cérémonie ; elle lira, avec le talent qui la distingue, les pièces de vers faites en l'honneur de Duchesnois et nous fera assister à quelques-unes des scènes grandioses dans lesquelles s'illustra notre glorieuse tragédienne. Cette séance littéraire sera terminée par le couronnement du Buste de Duchesnois.

François TULOU,

ancien rédacteur de l'*Impartial du Nord*.